LLUVIAS DE *Abril* TRAEN MAYO *Flores*

LIBRO DE COLOREAR ADULTOS FLORES EDICIÓN

Coloring Bandit

Publicado por Speedy Publishing Canada Limited

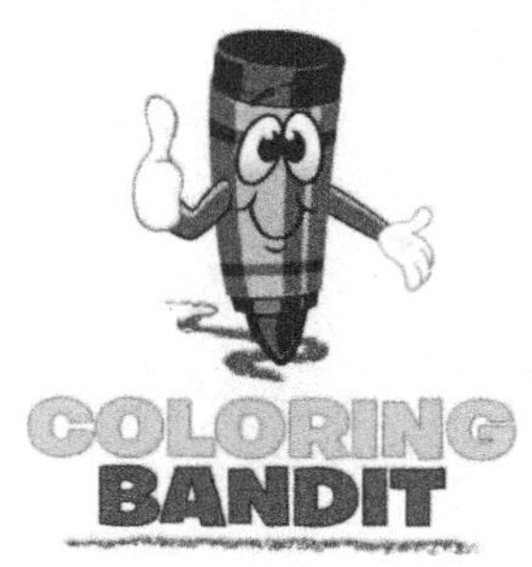

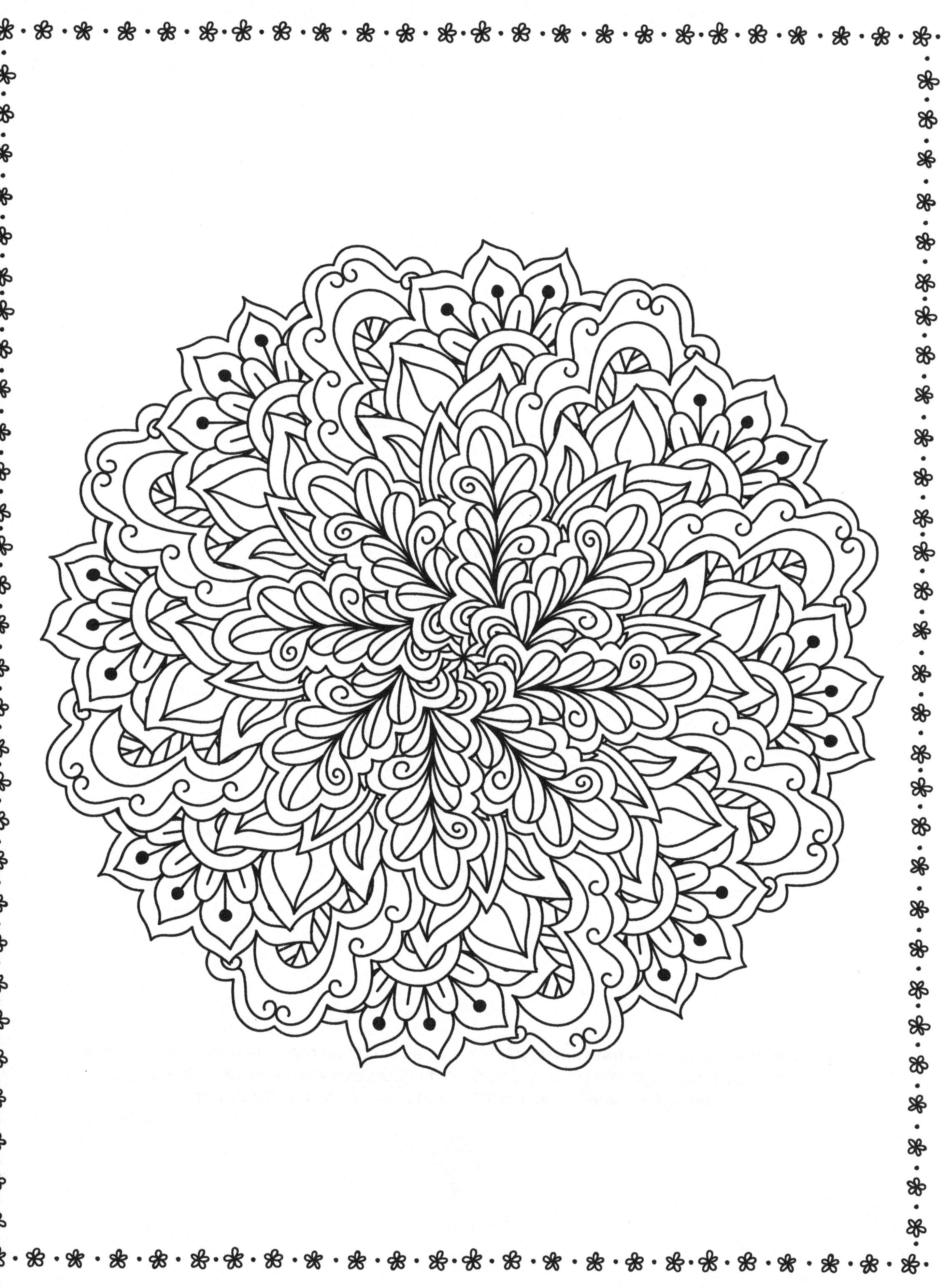

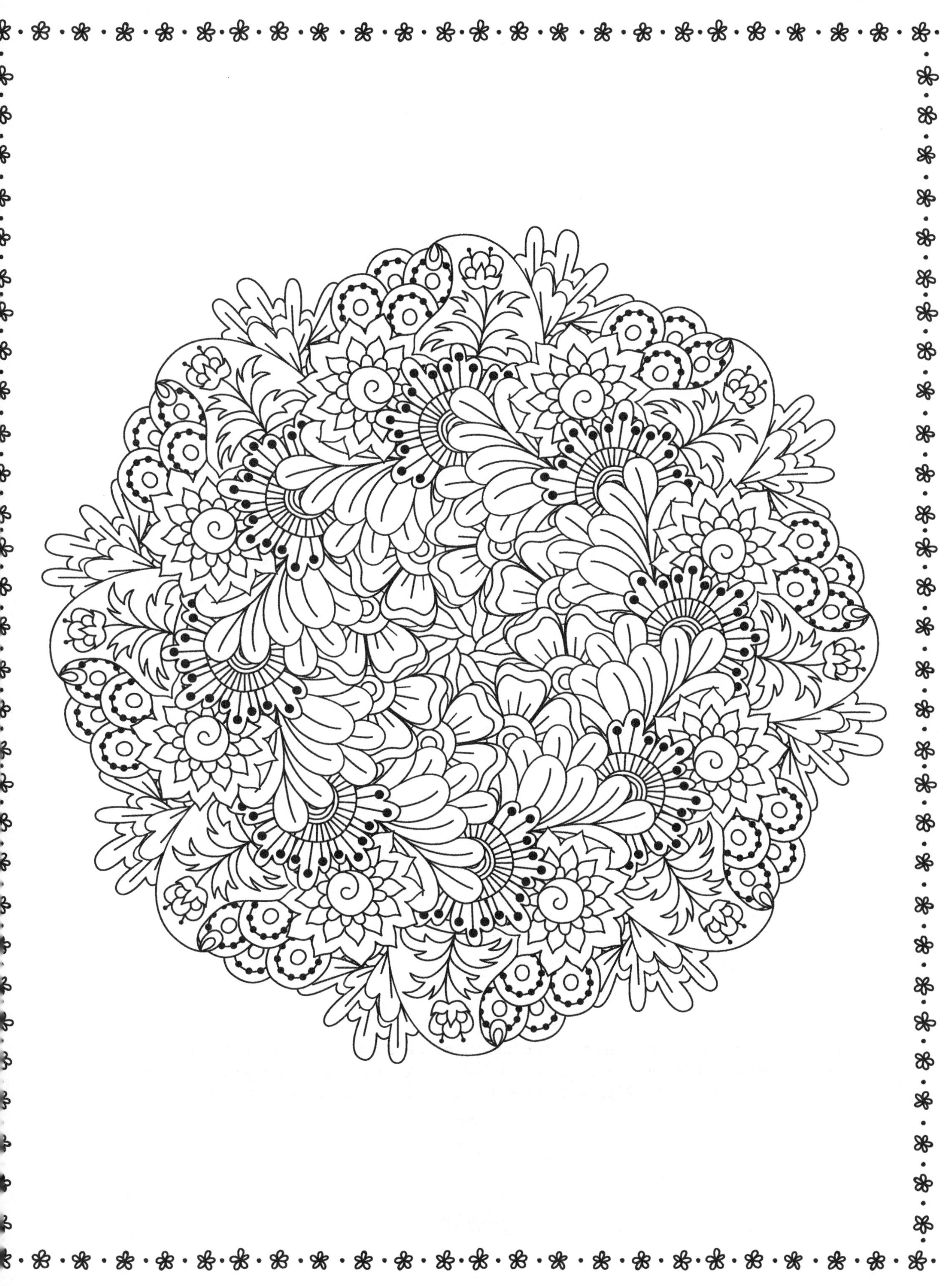

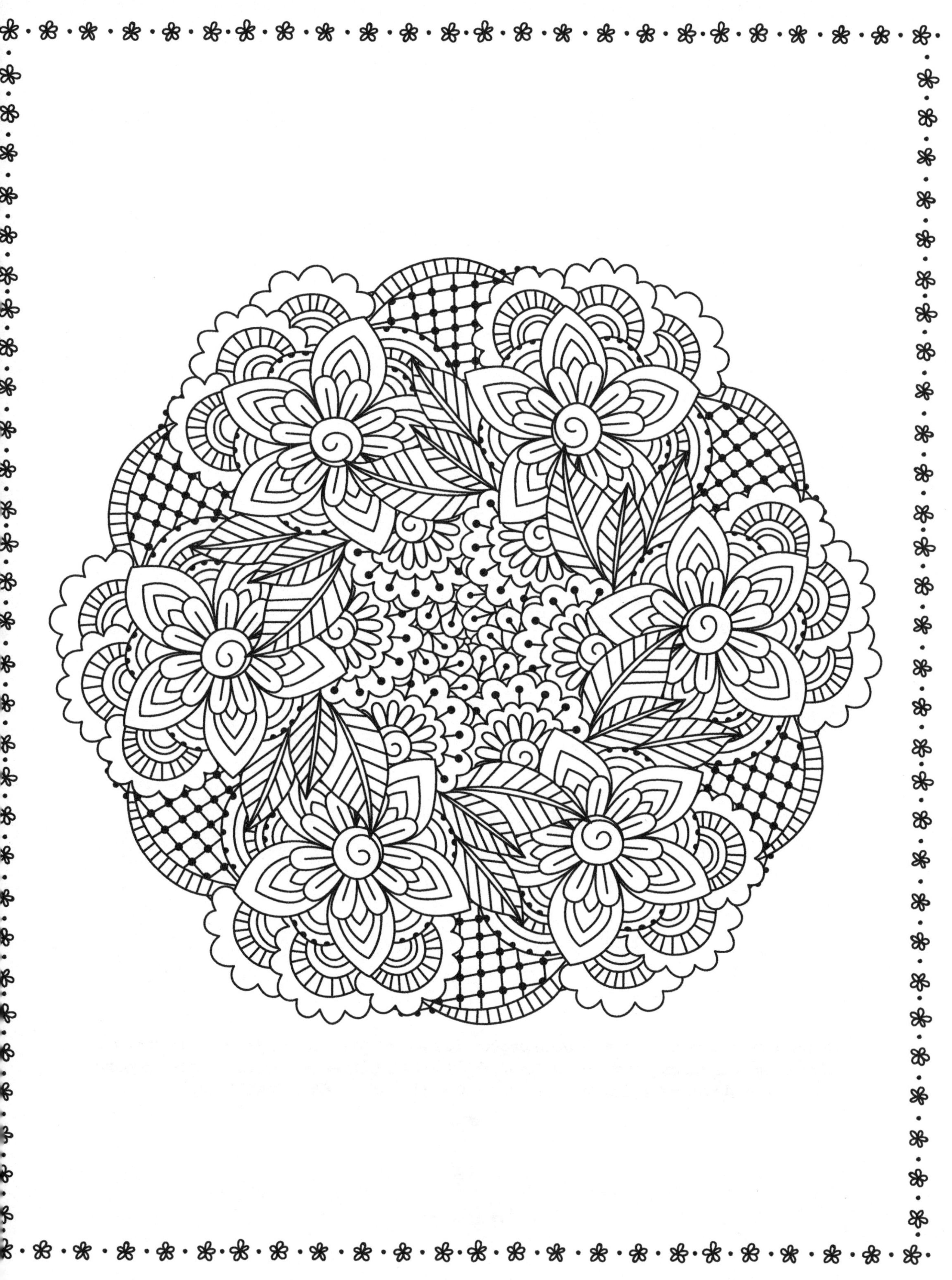

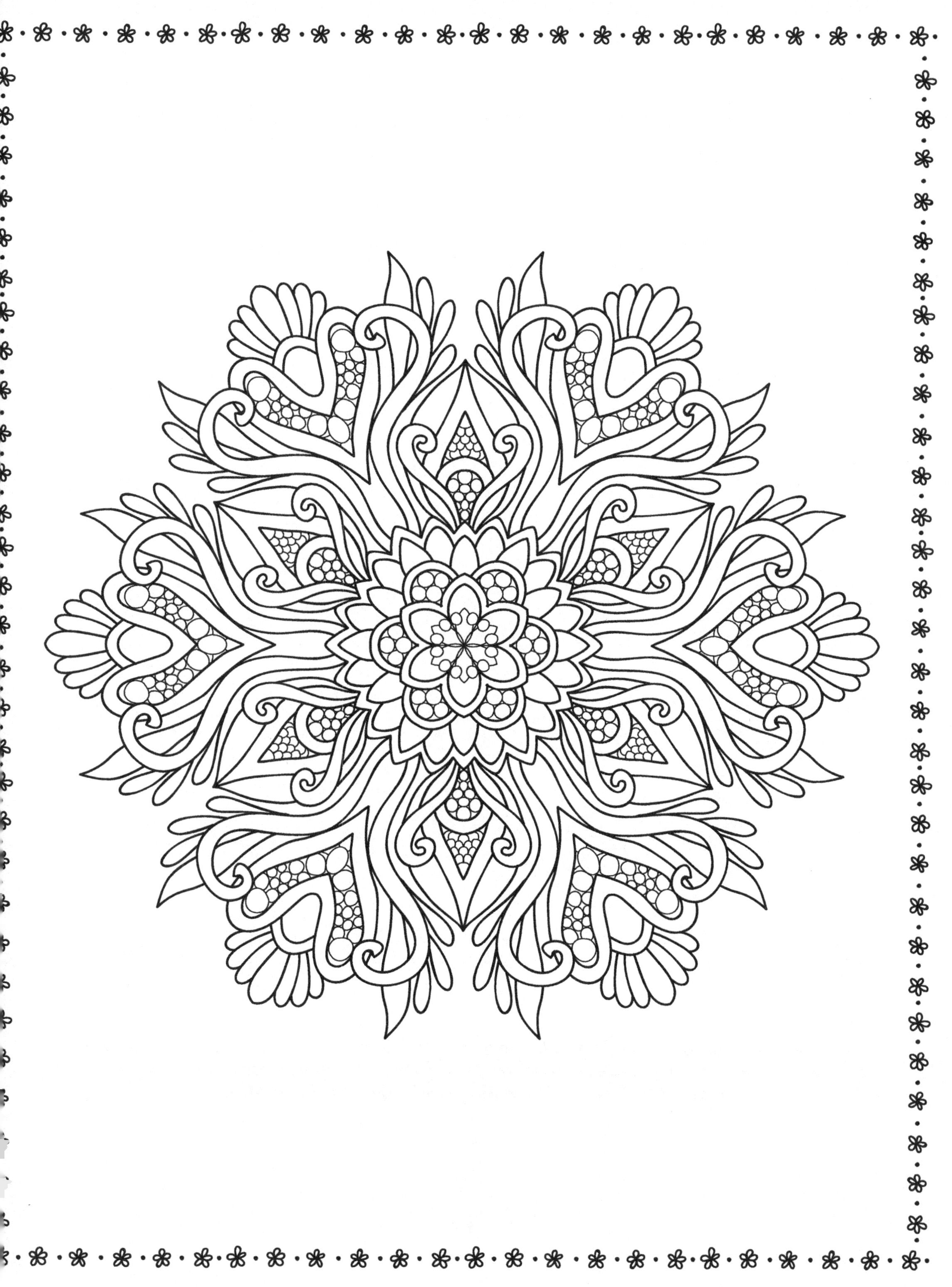

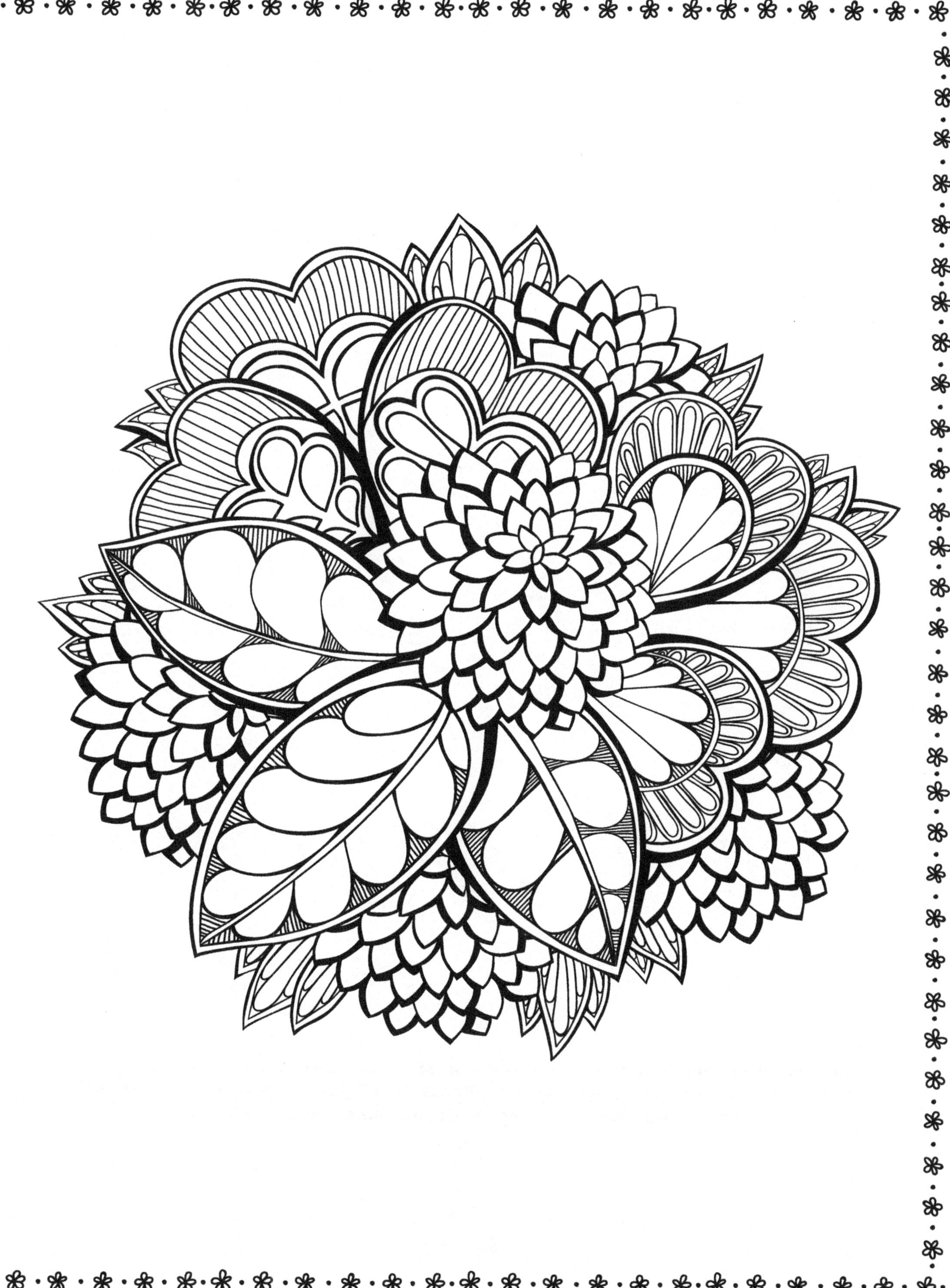

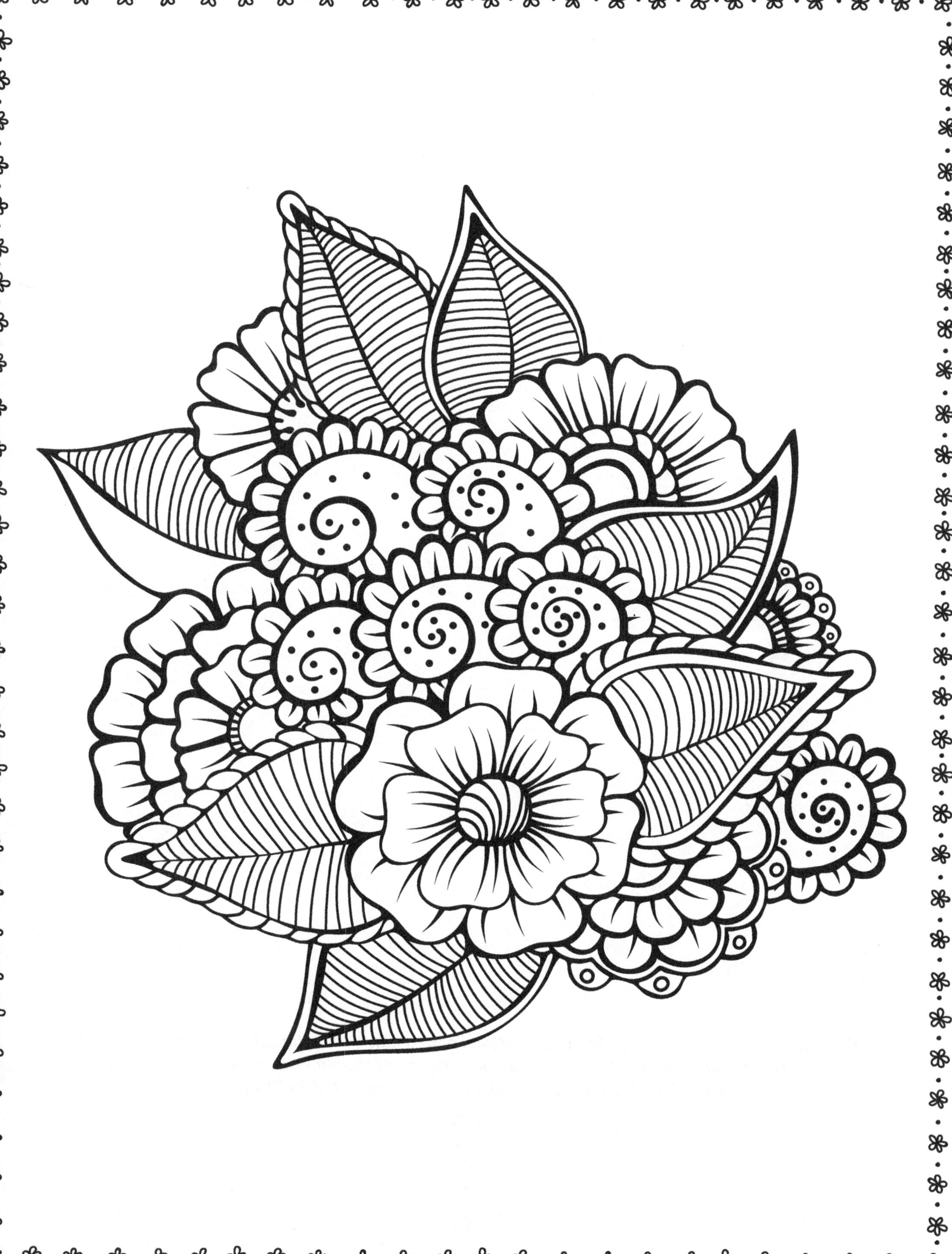

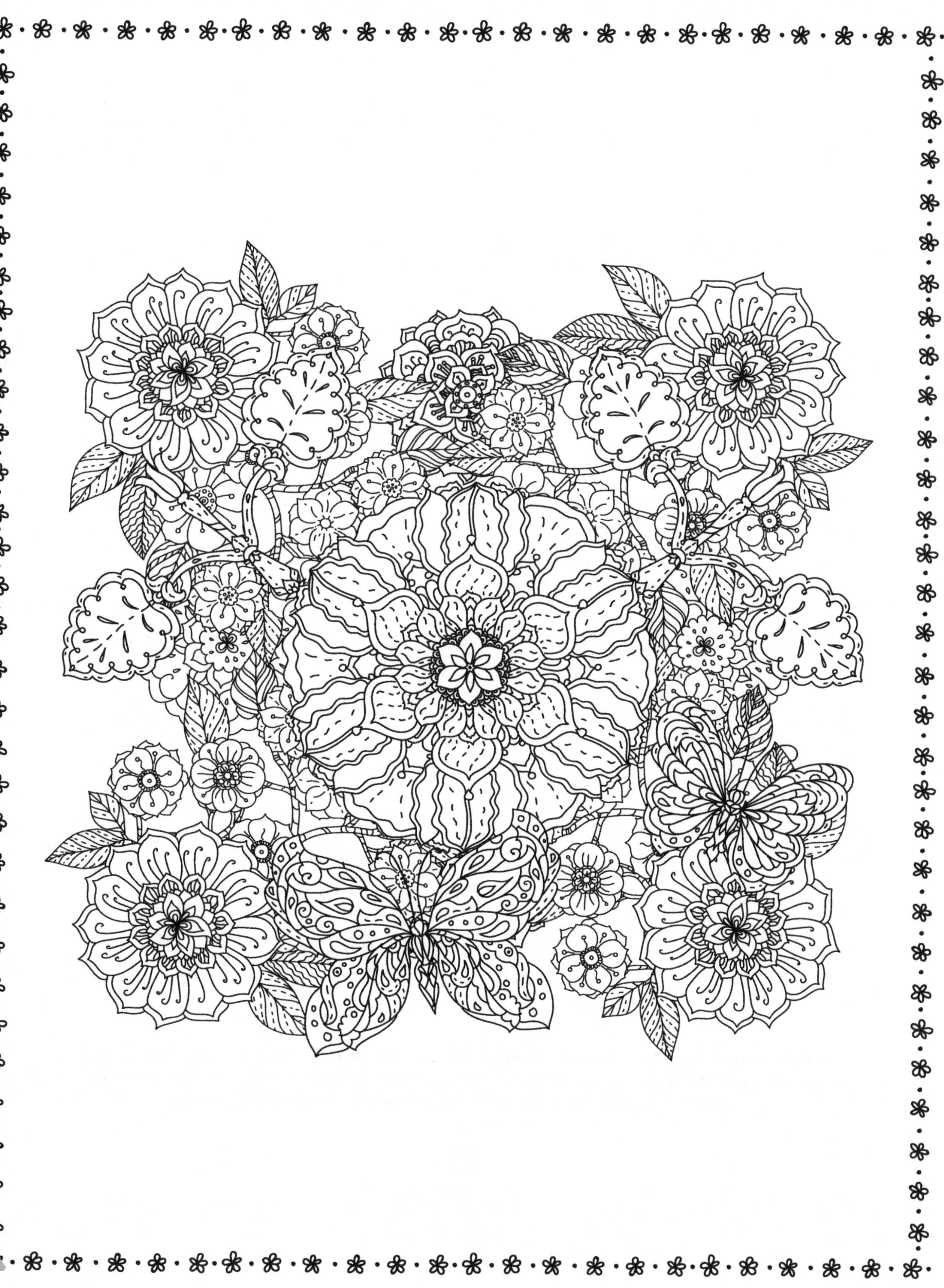

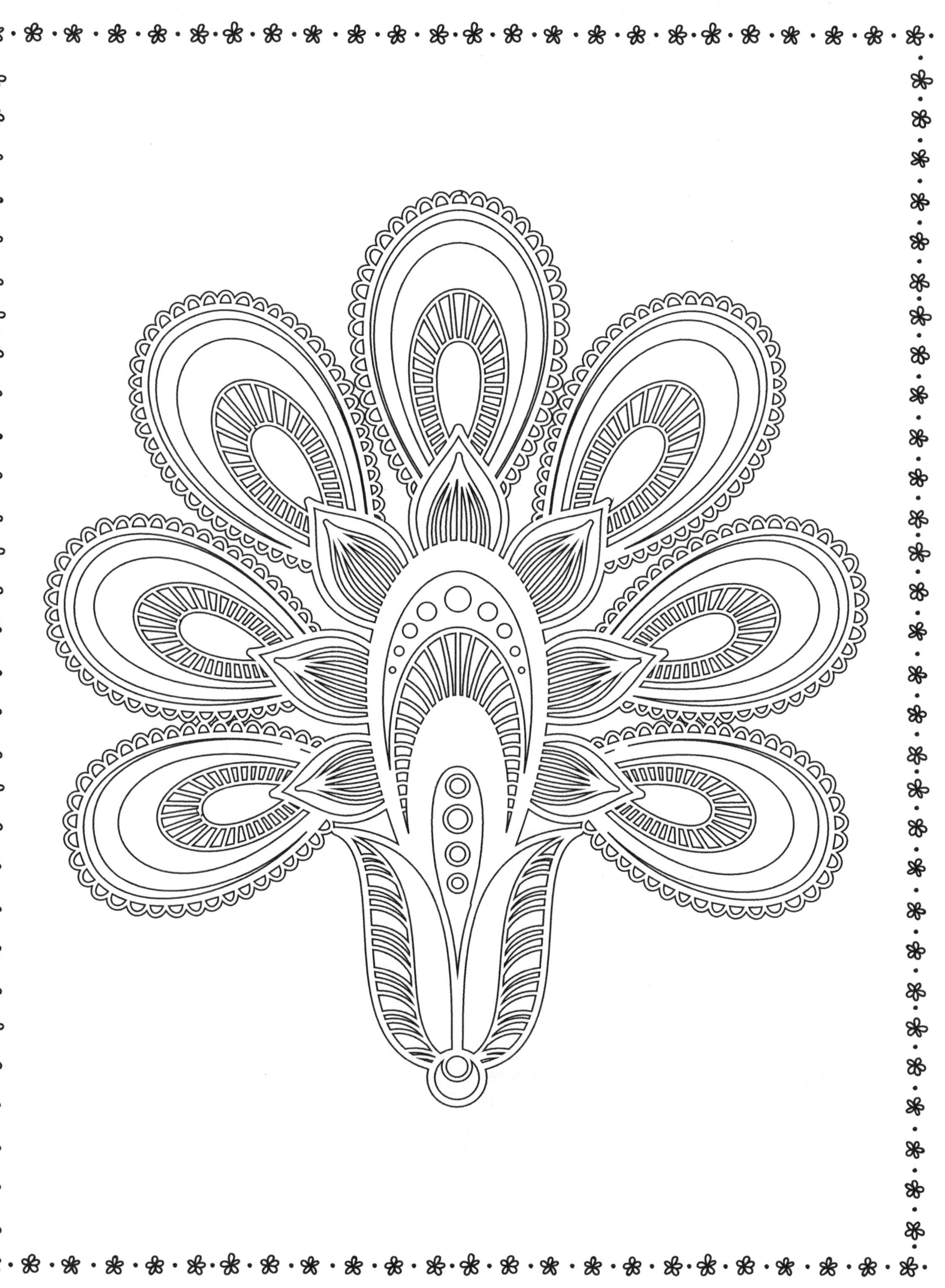

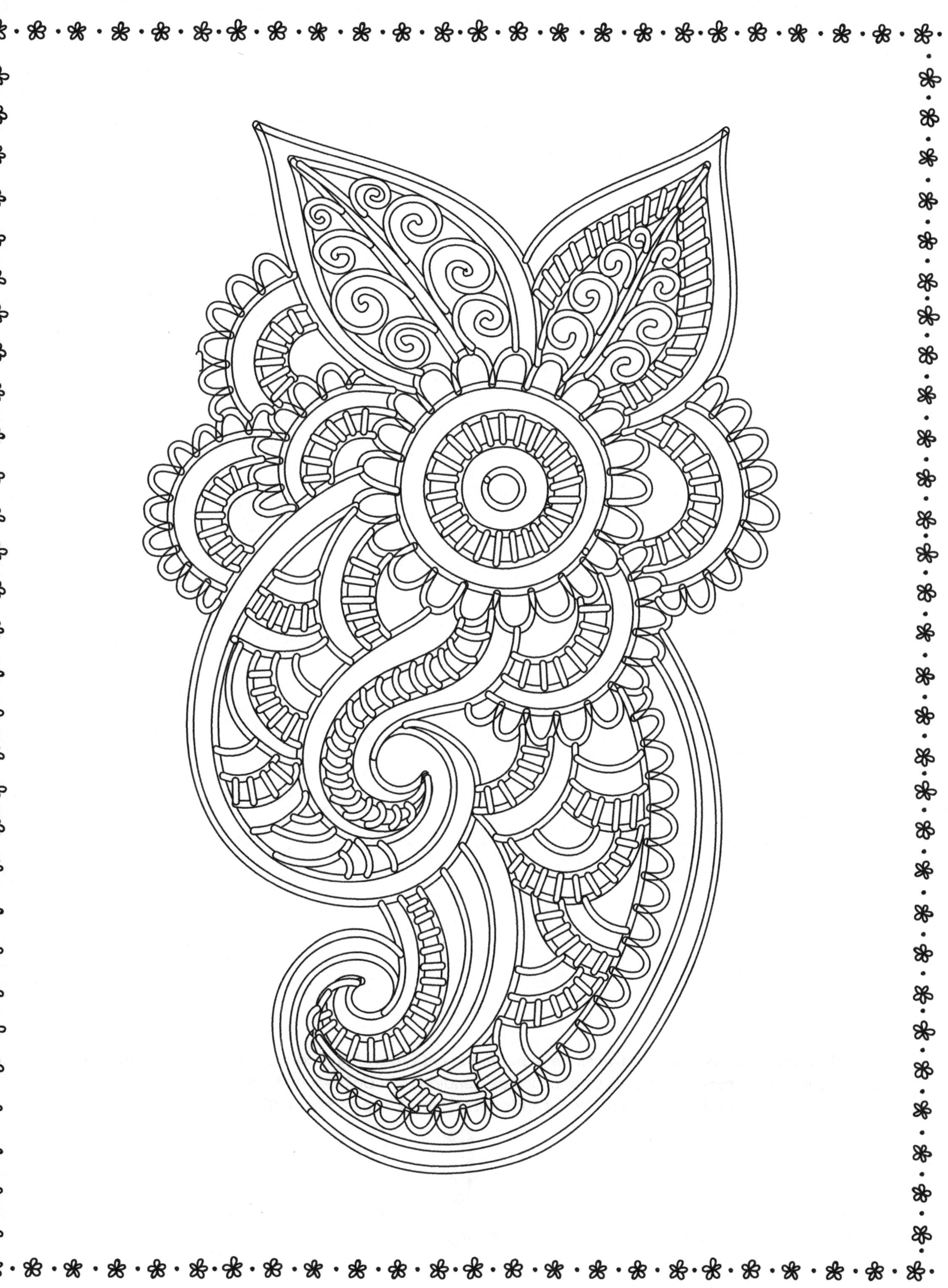

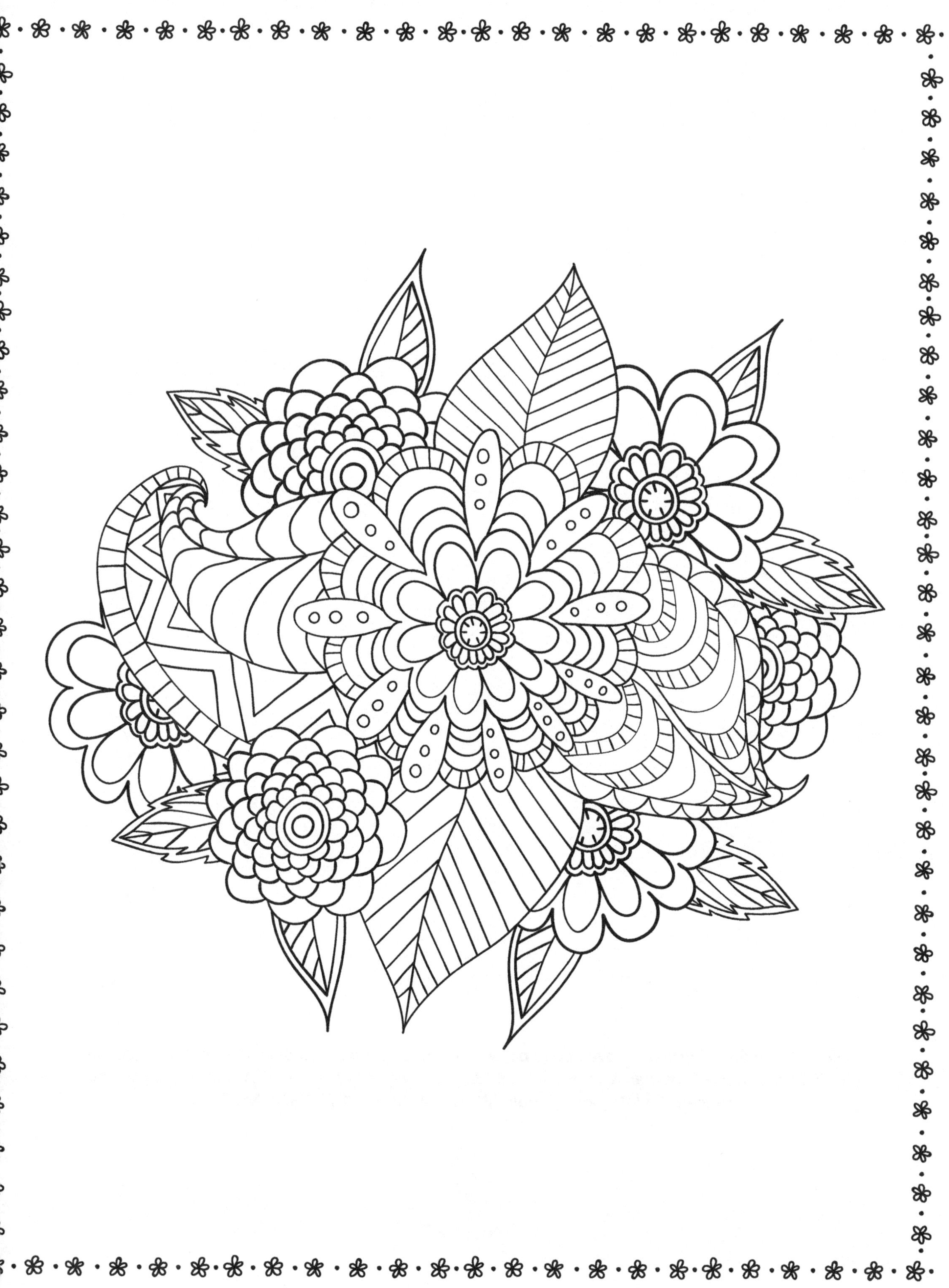

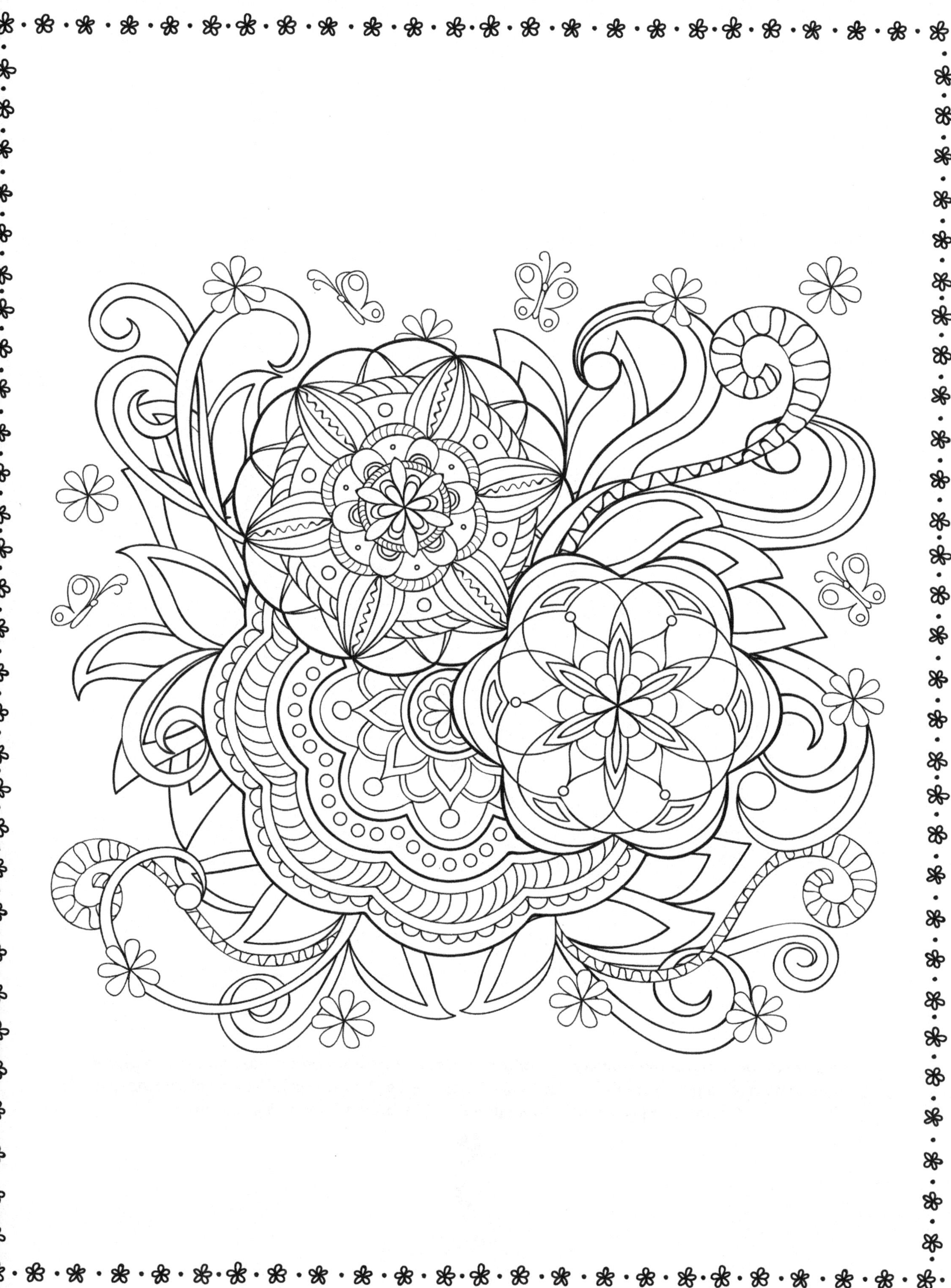

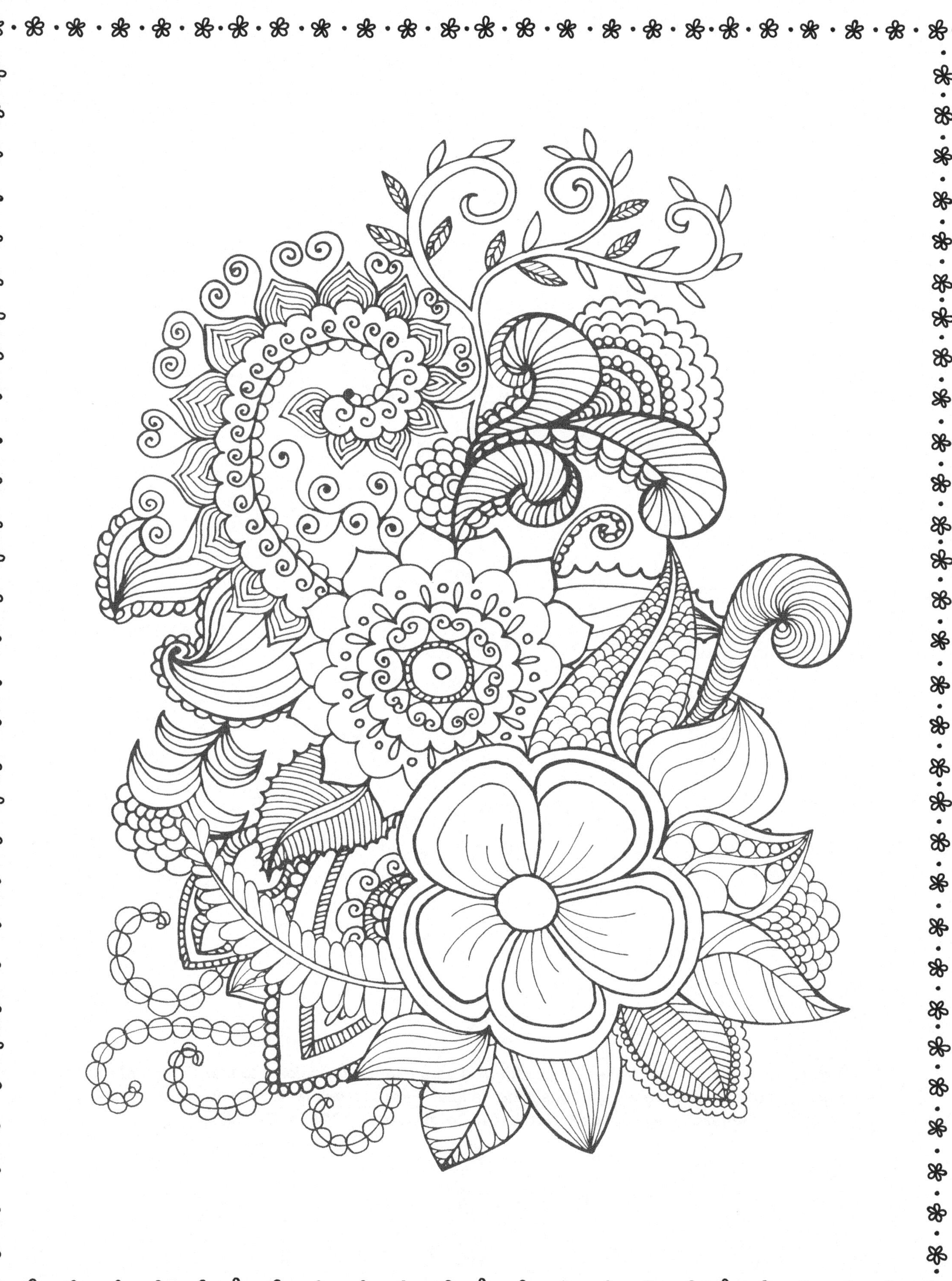

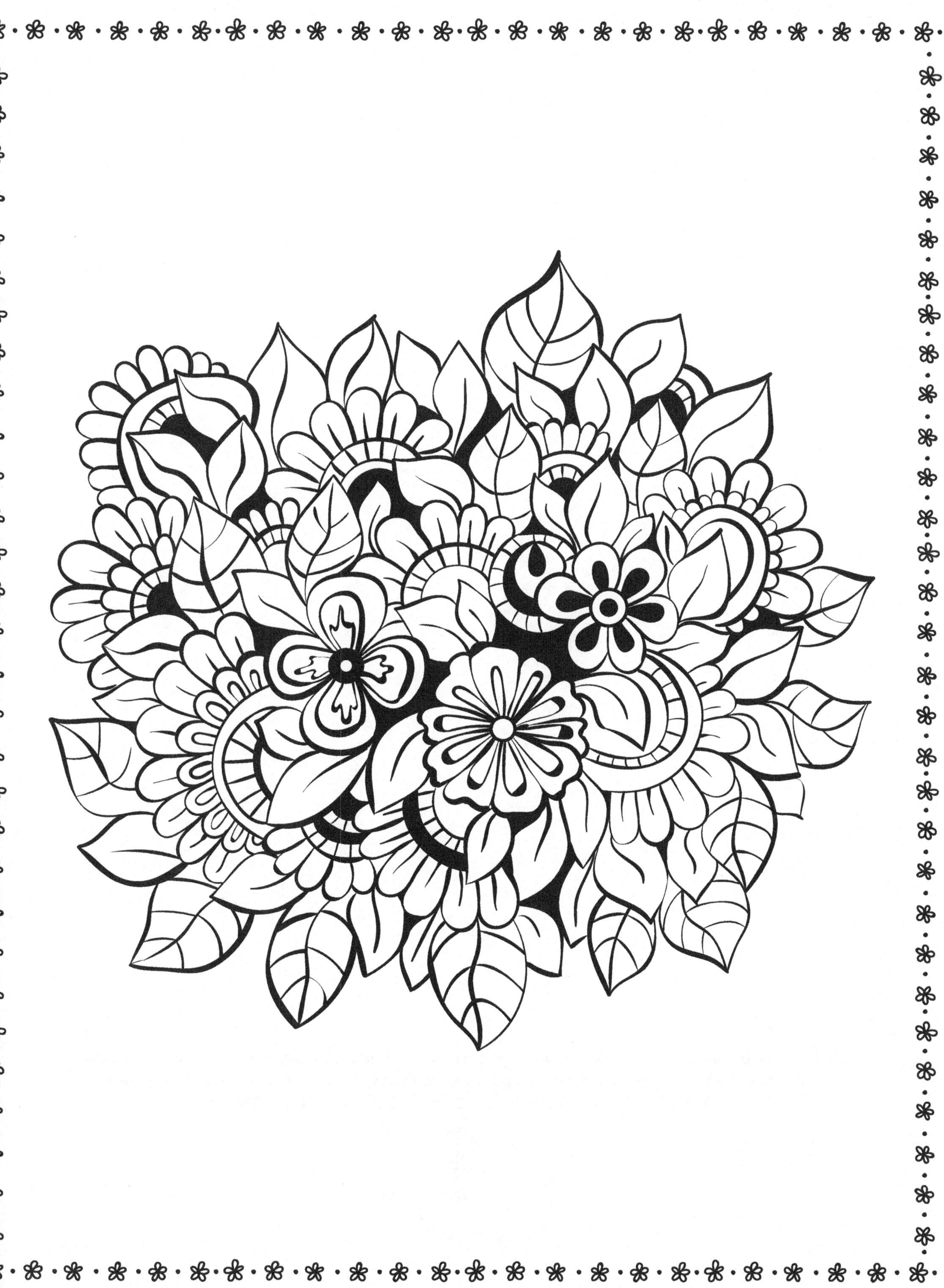

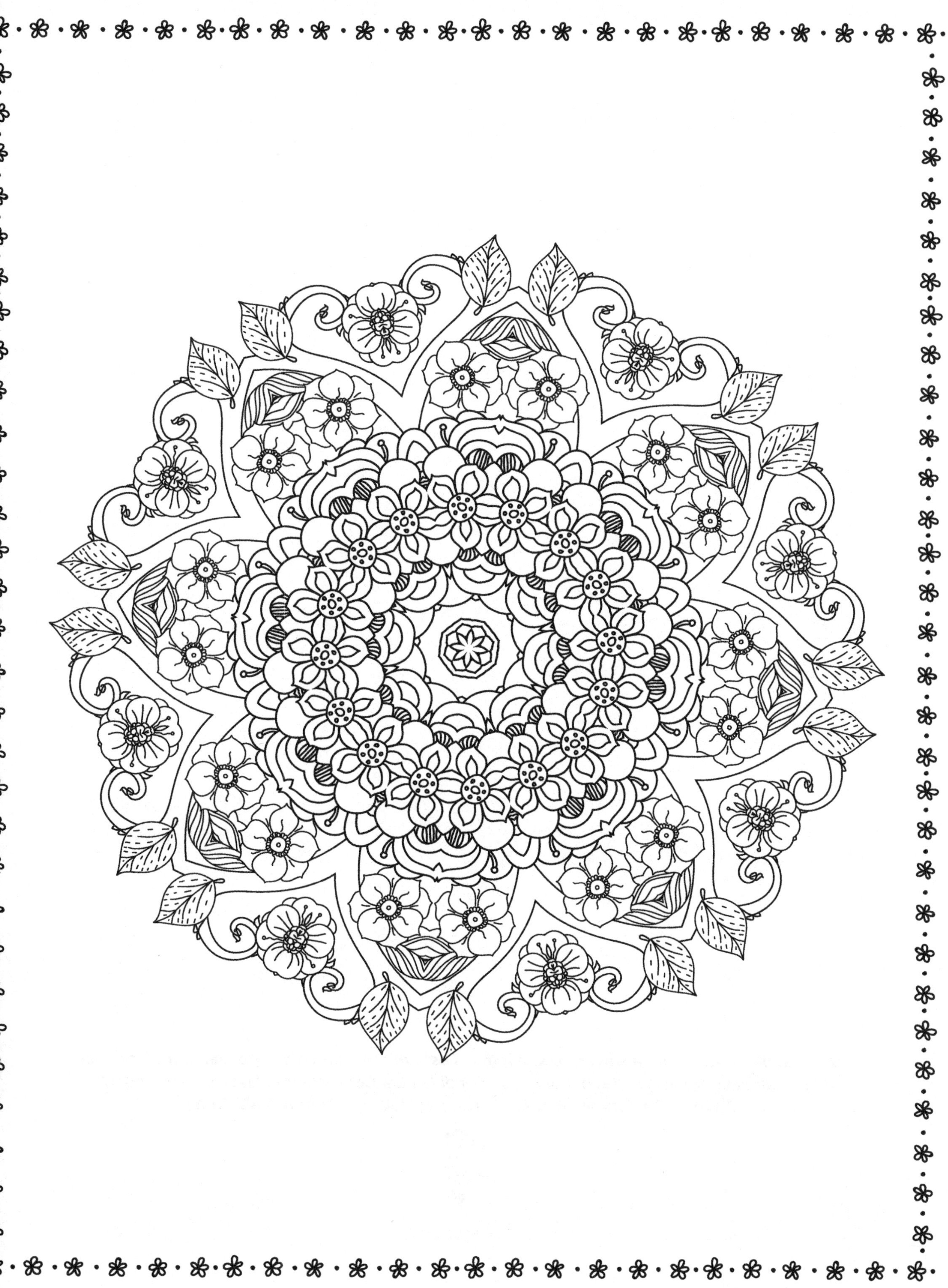

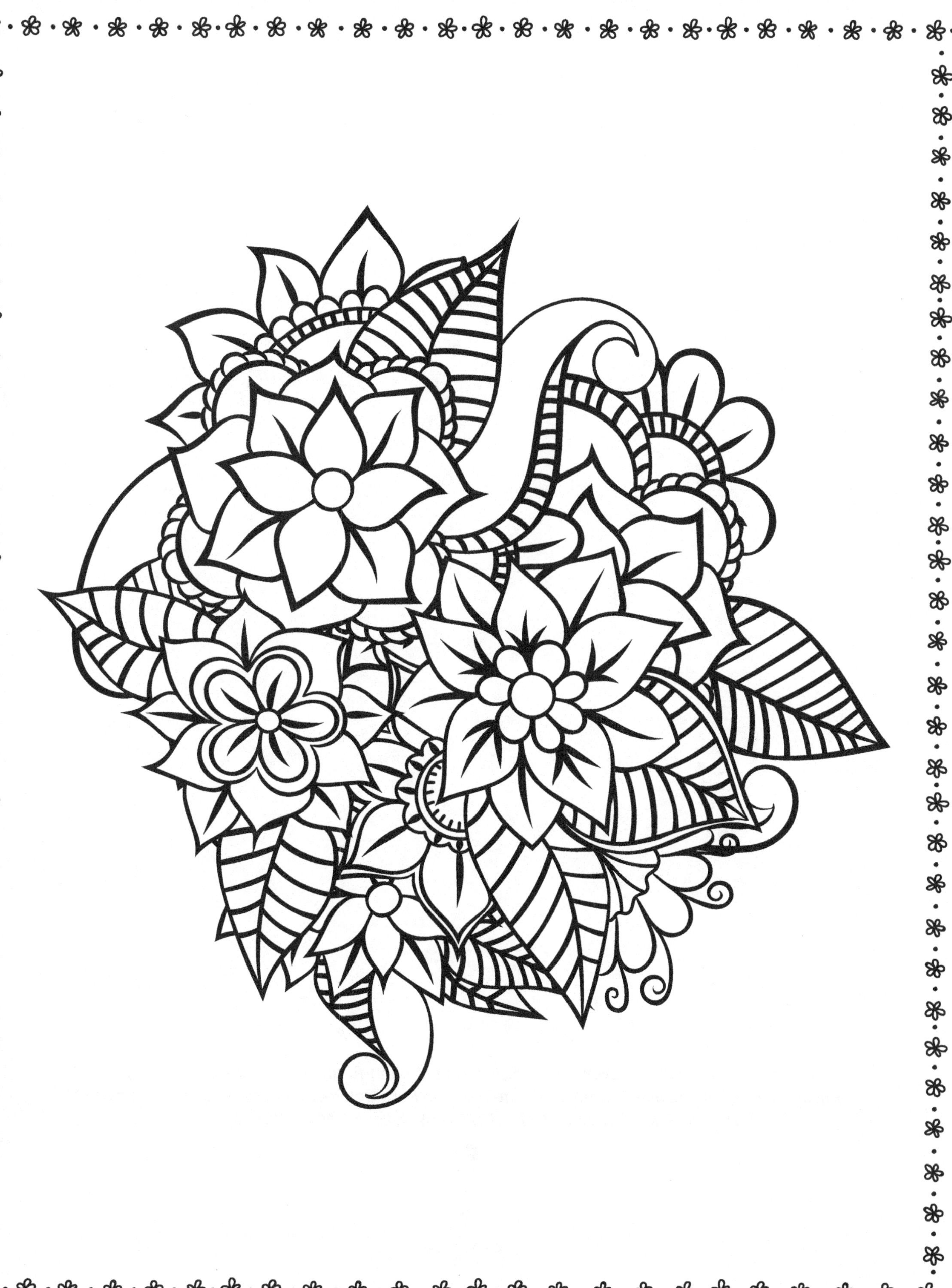

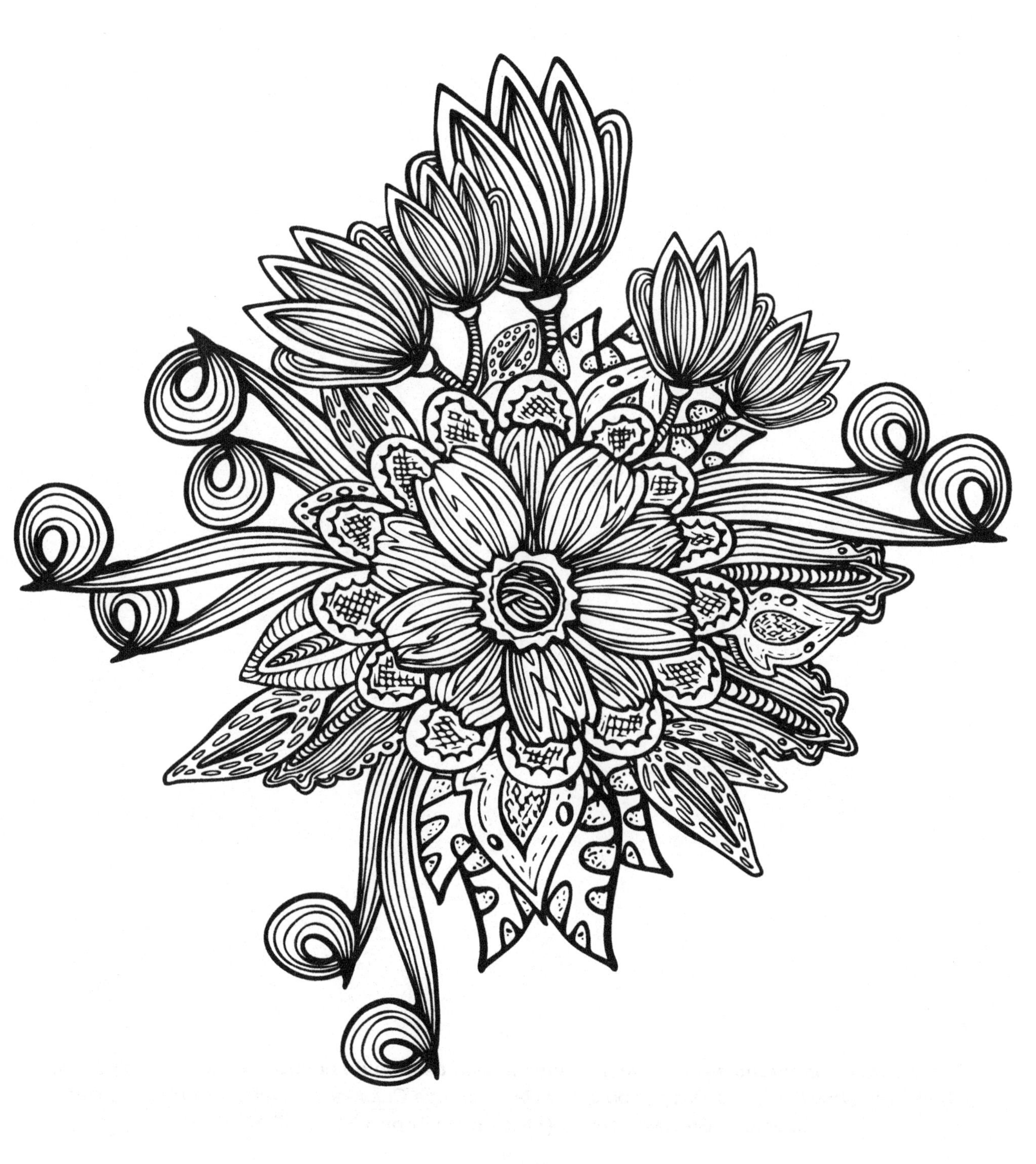

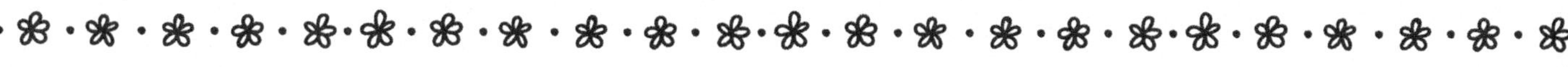

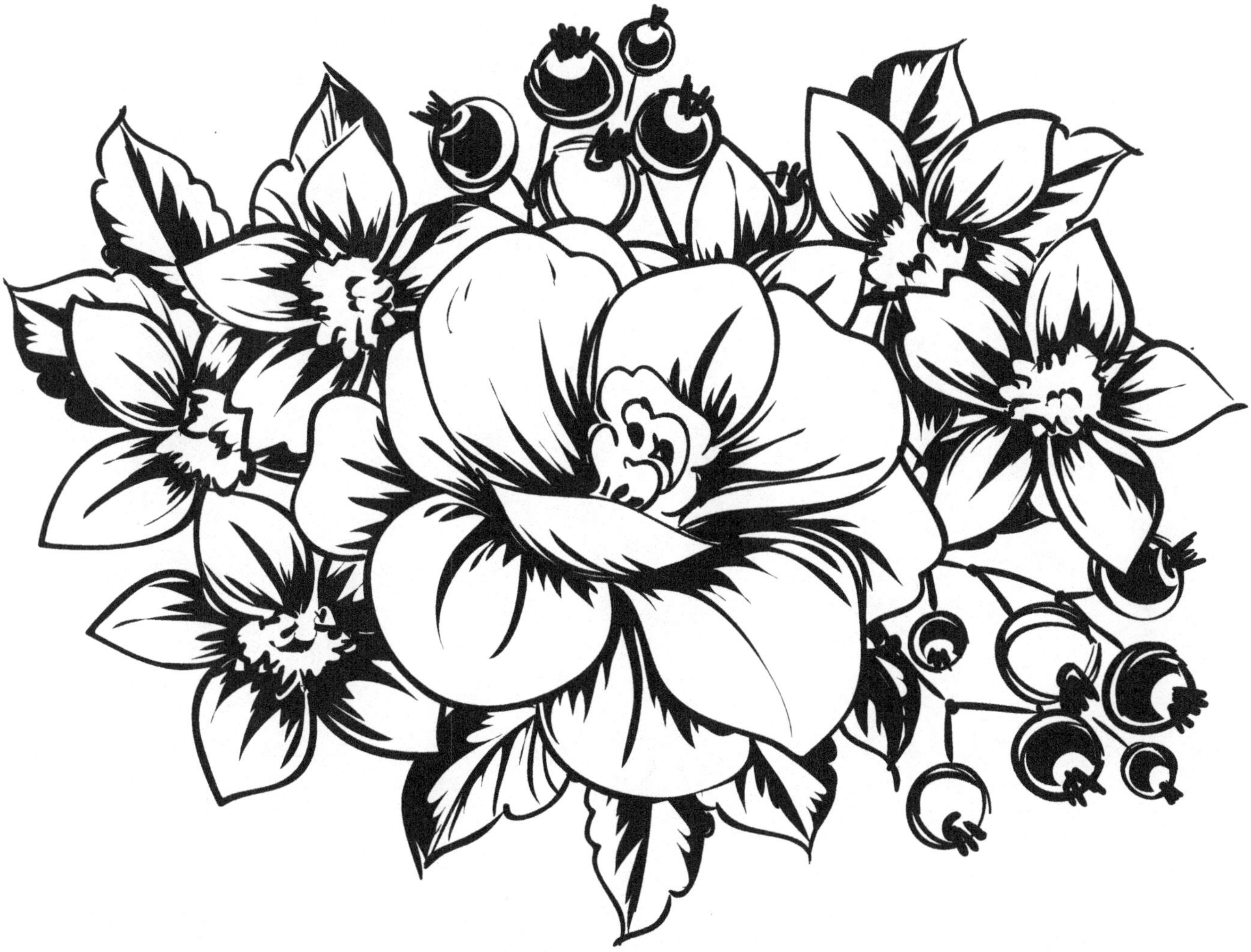

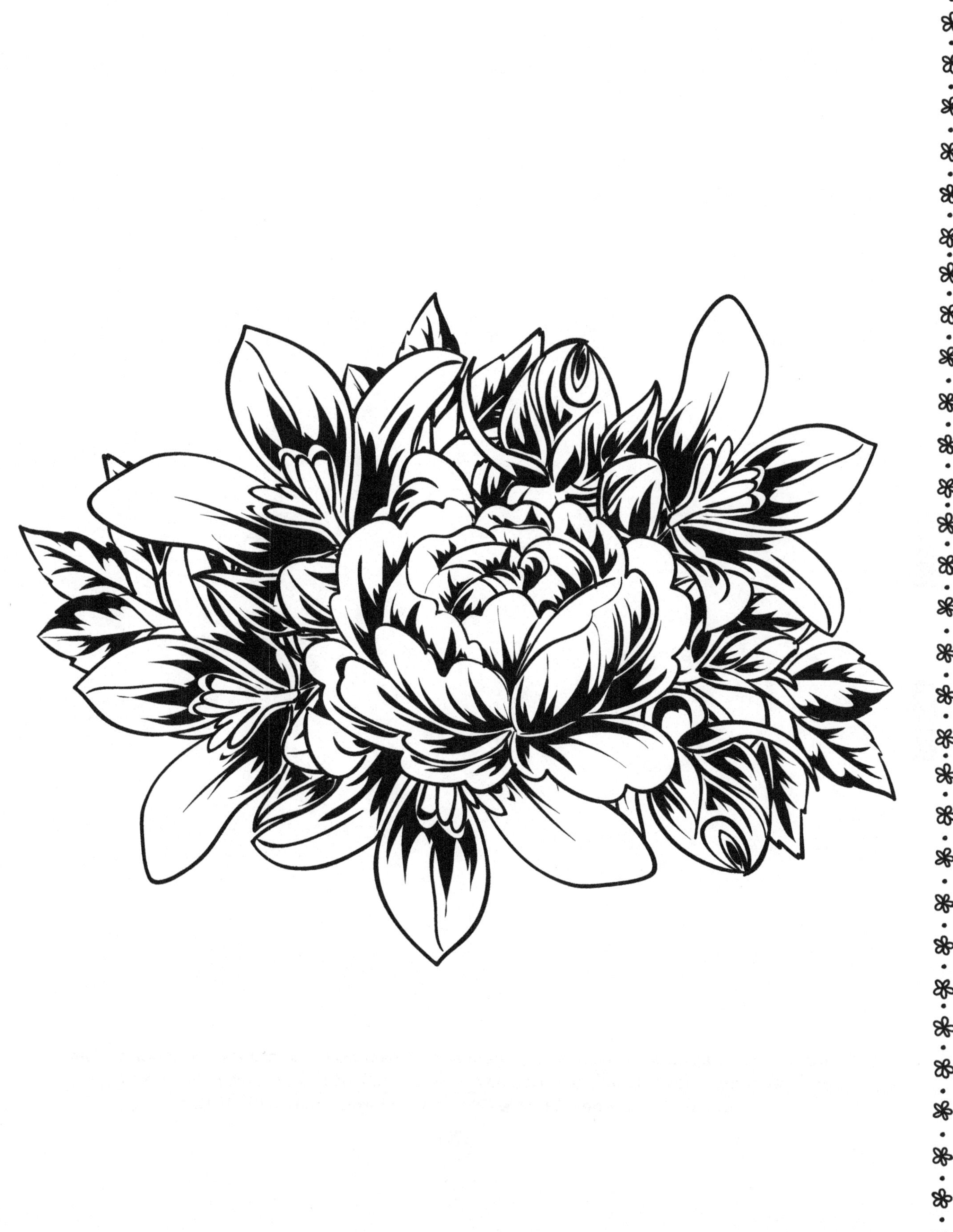

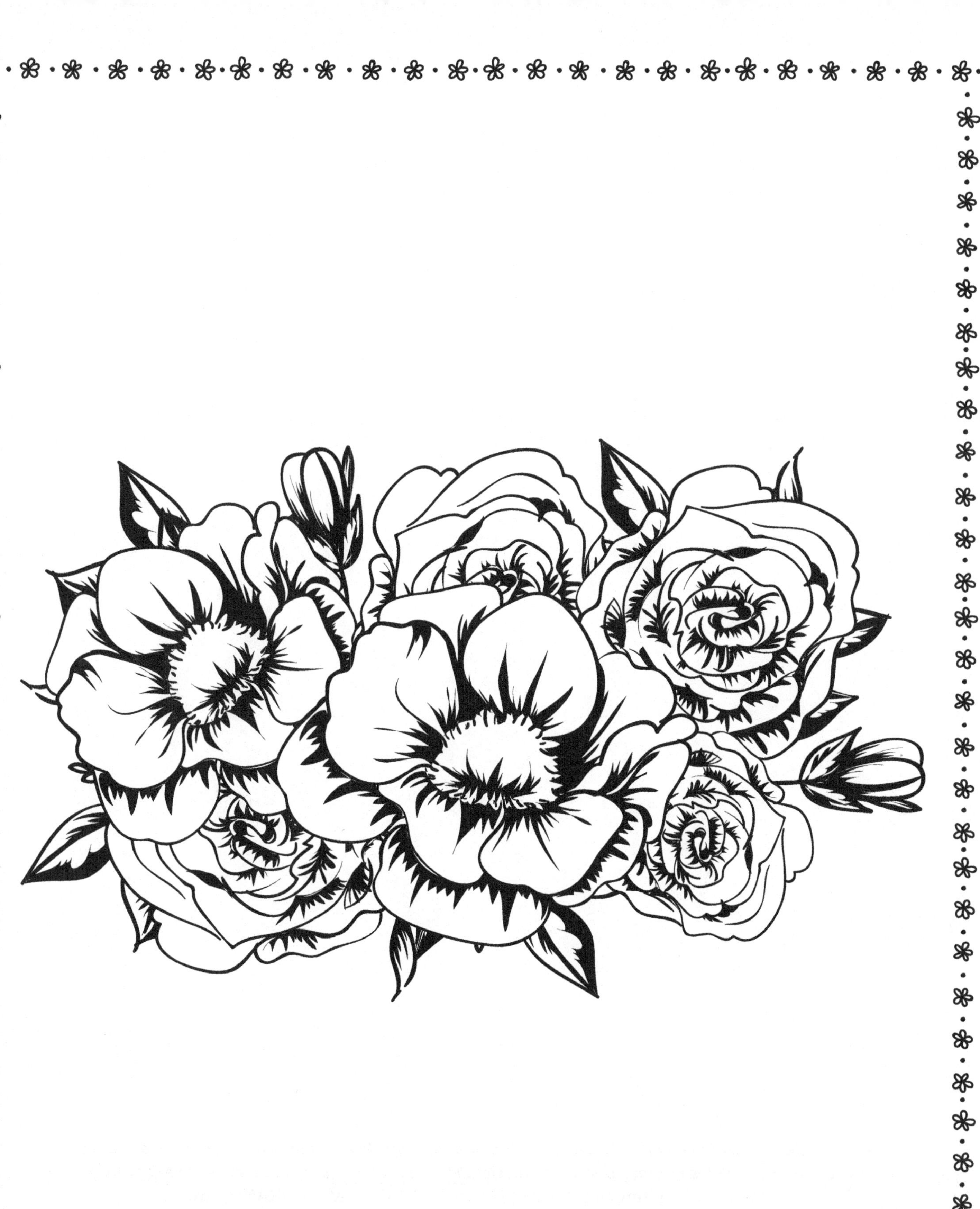

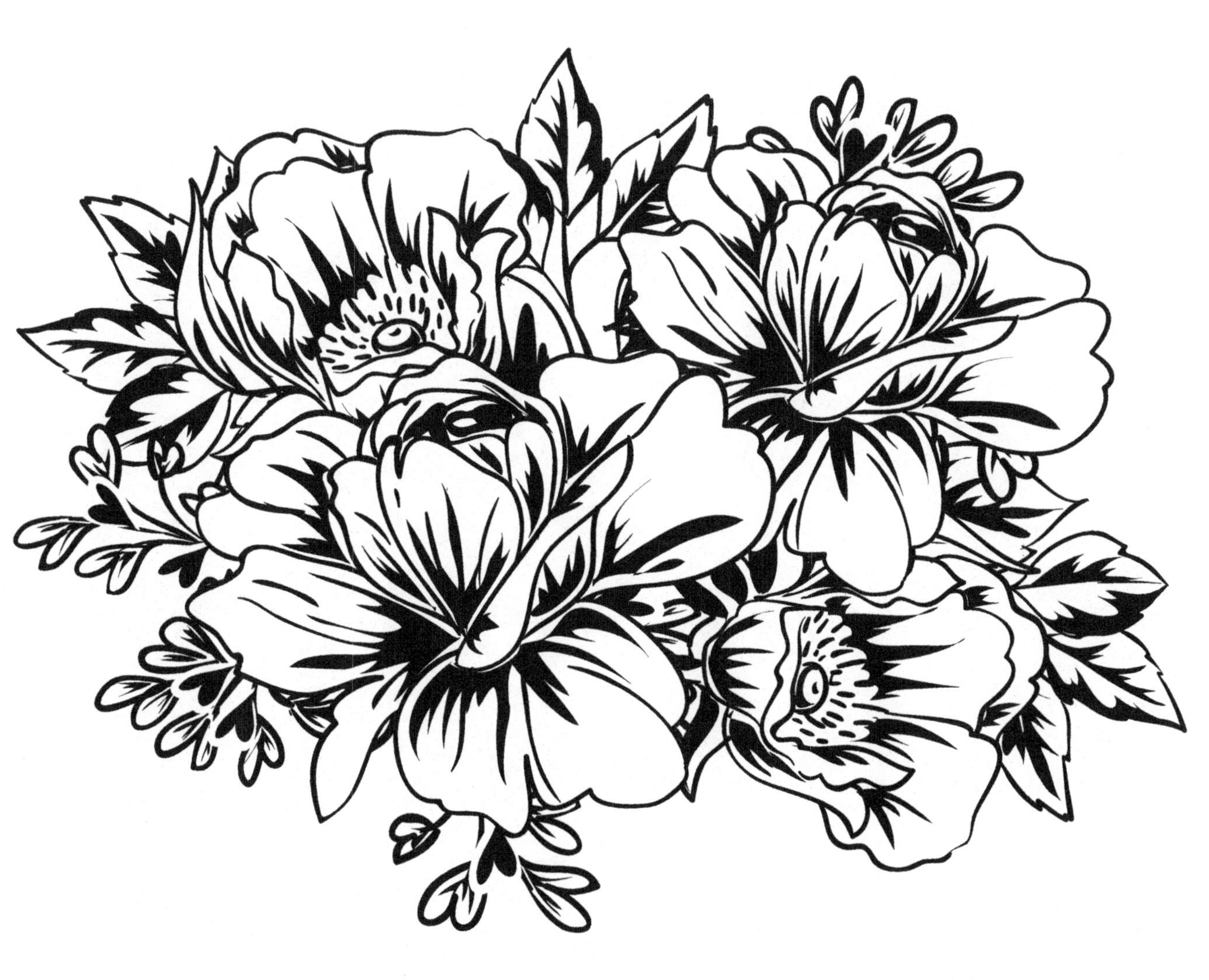

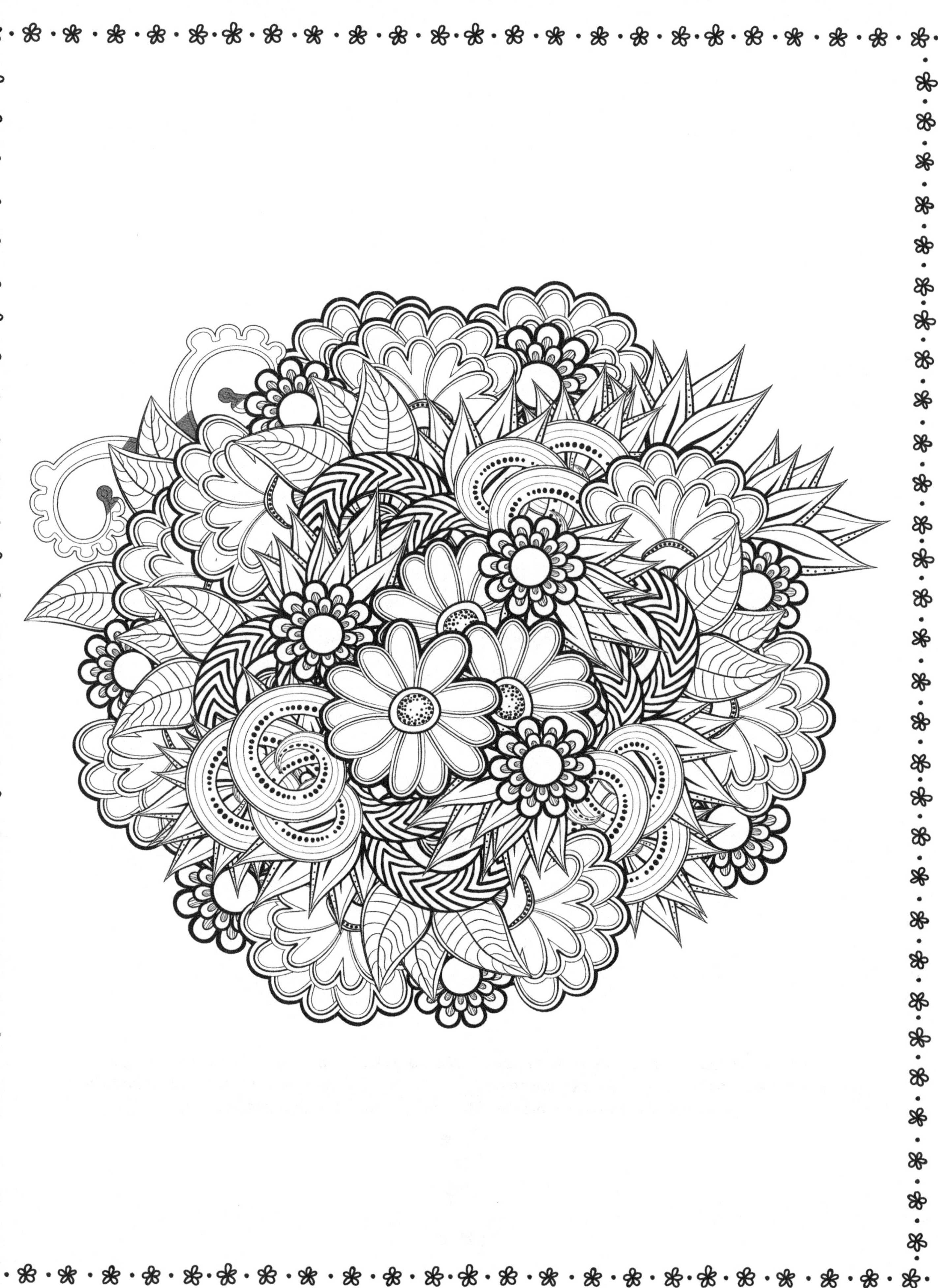

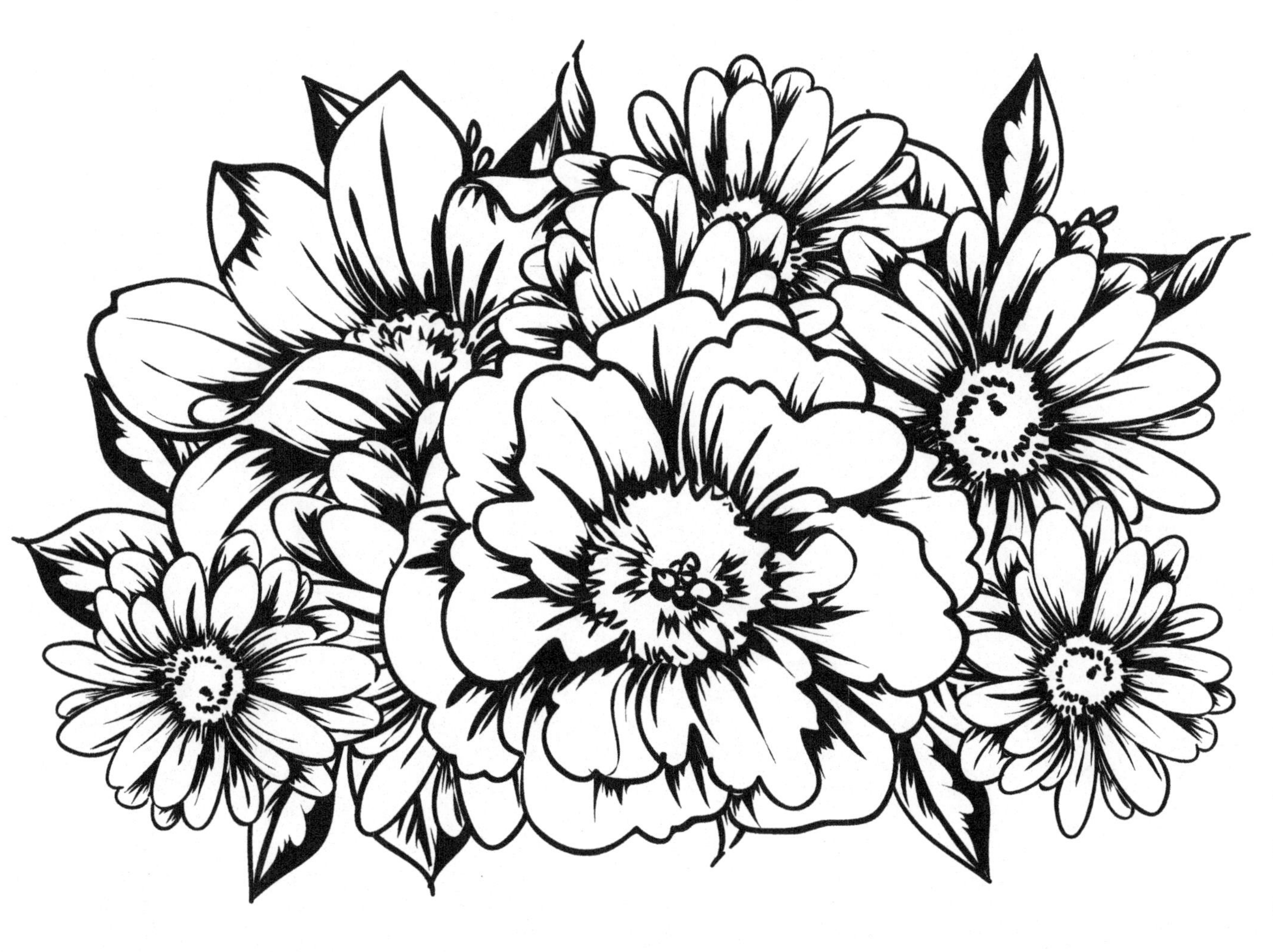

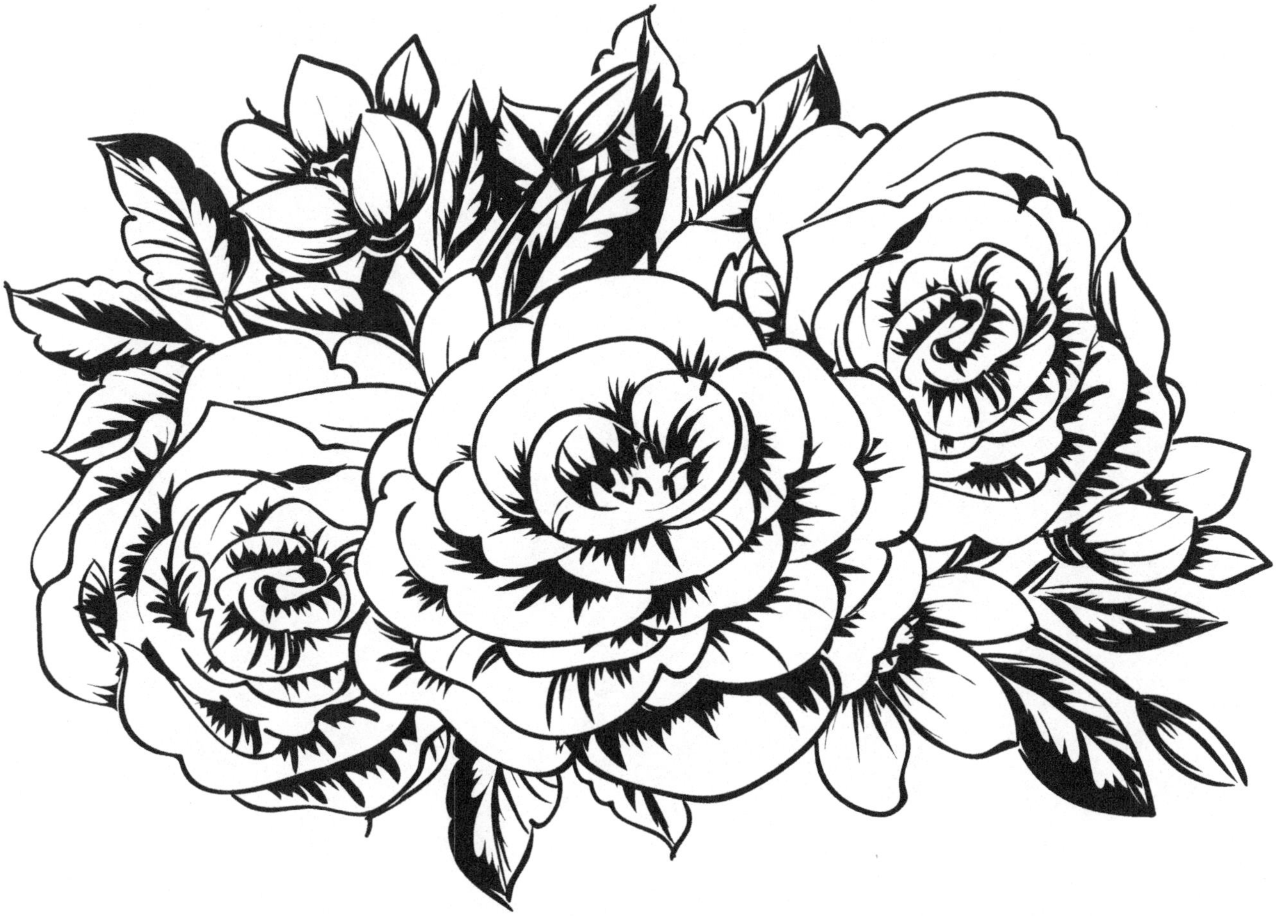

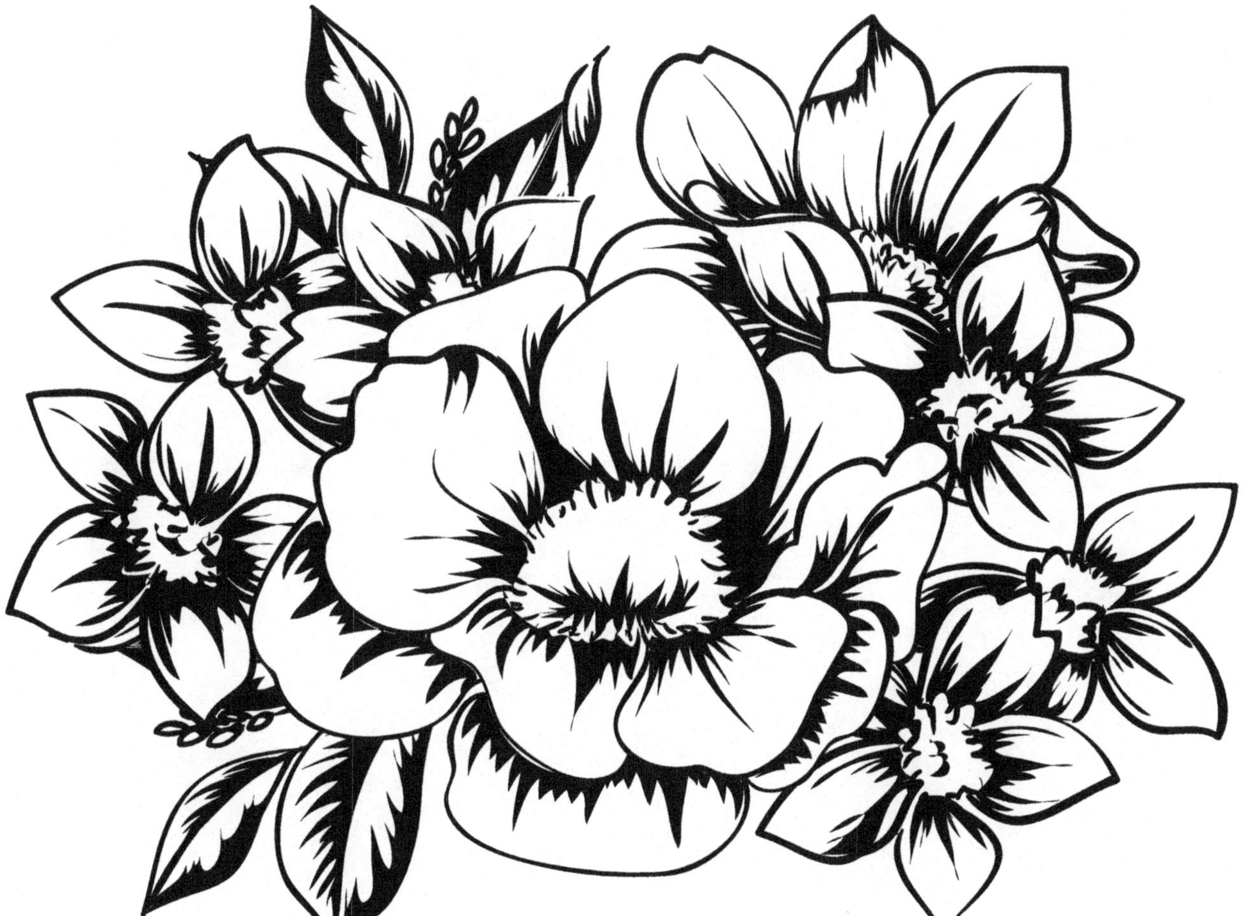

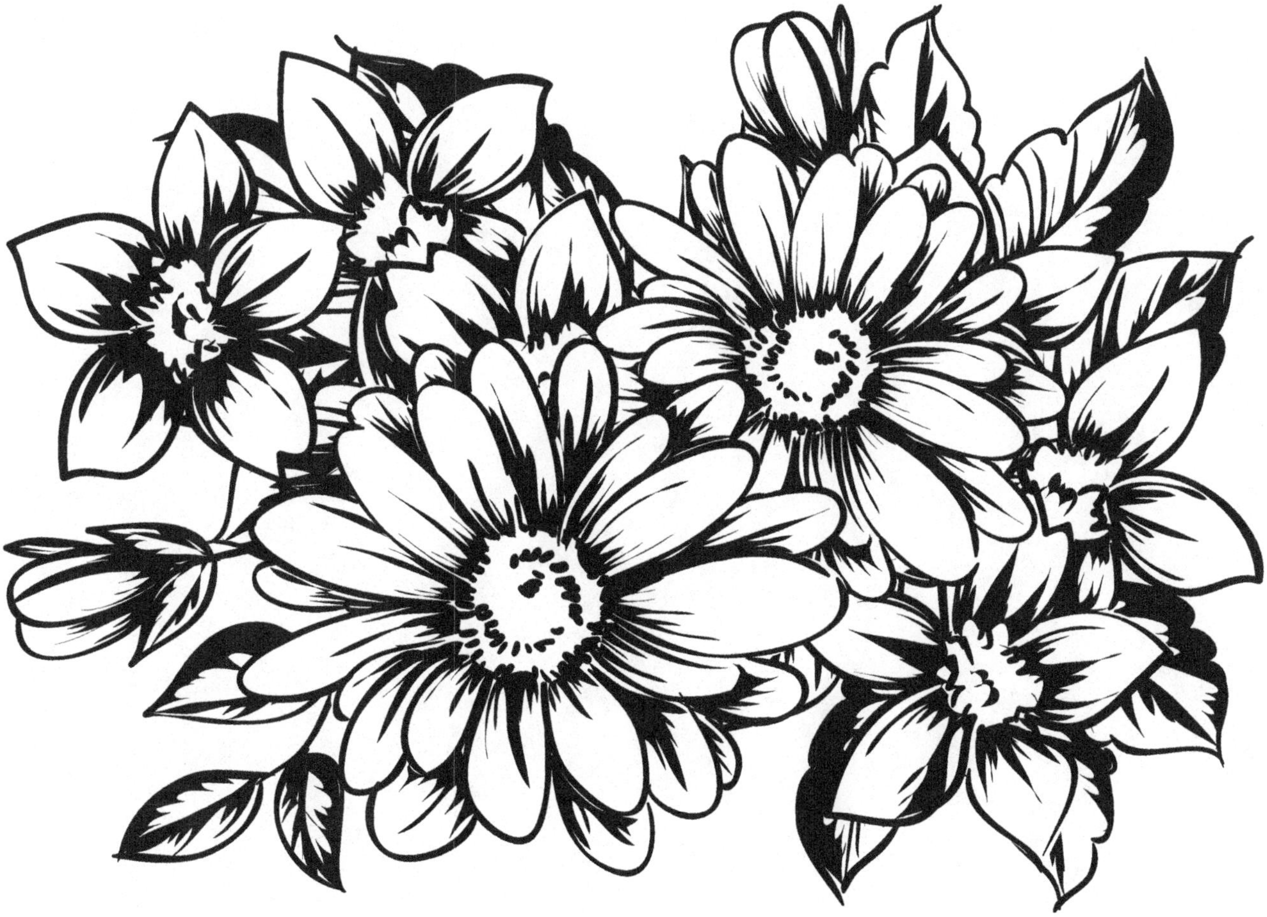

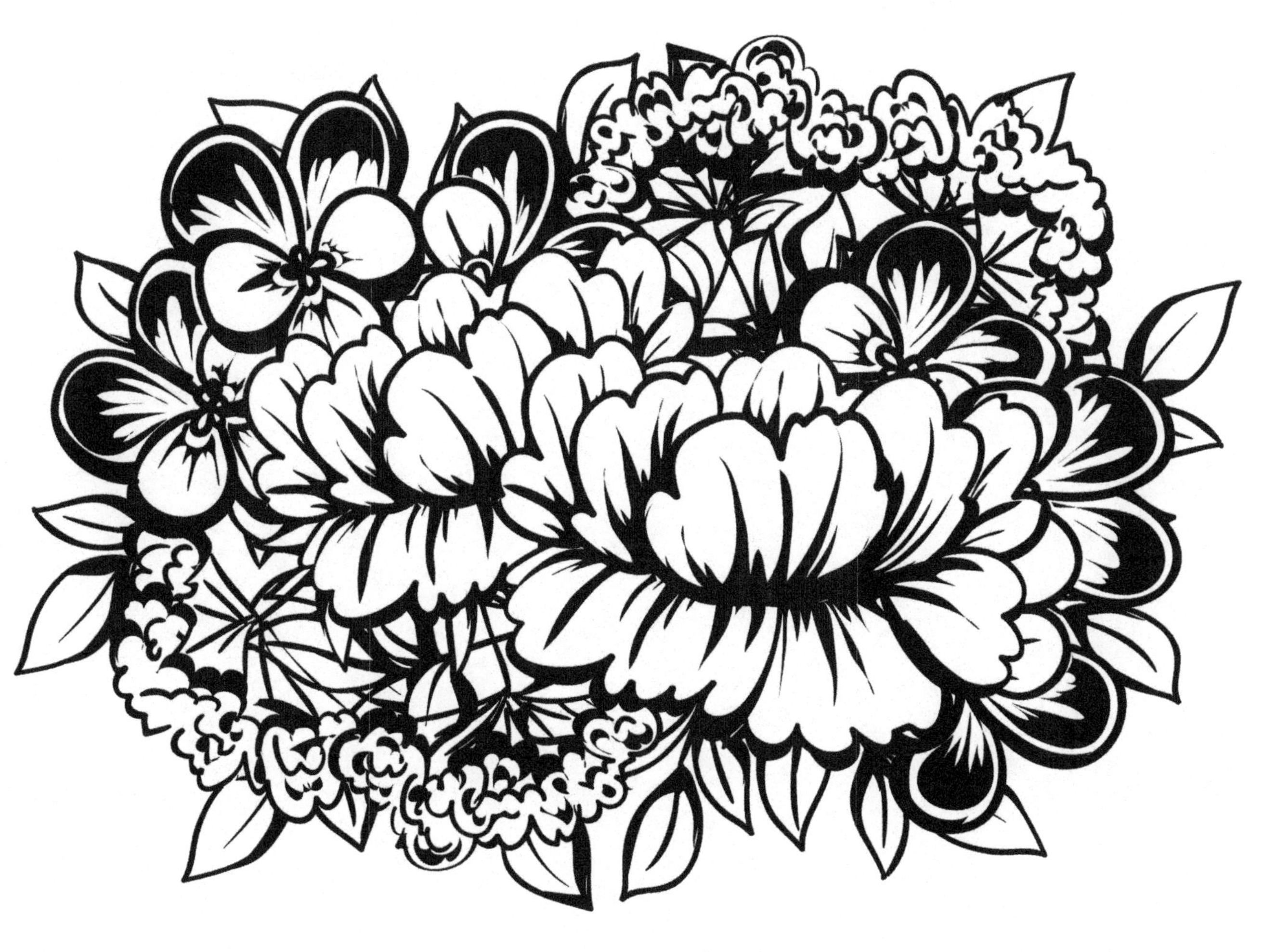

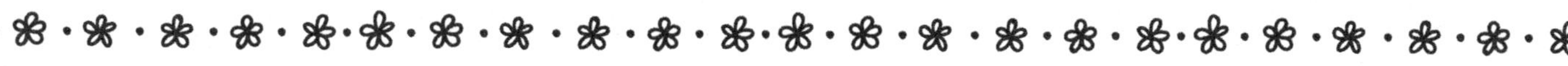

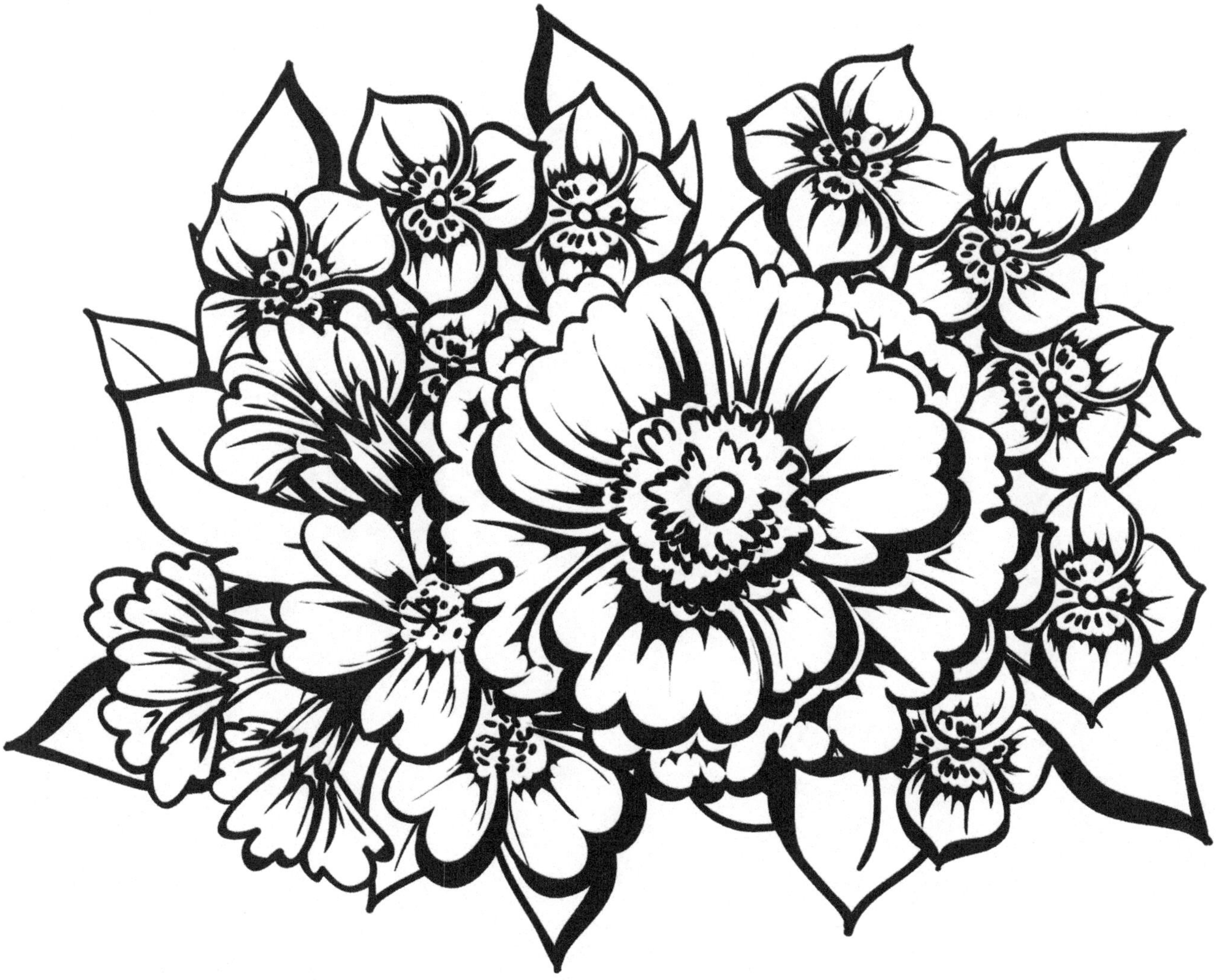

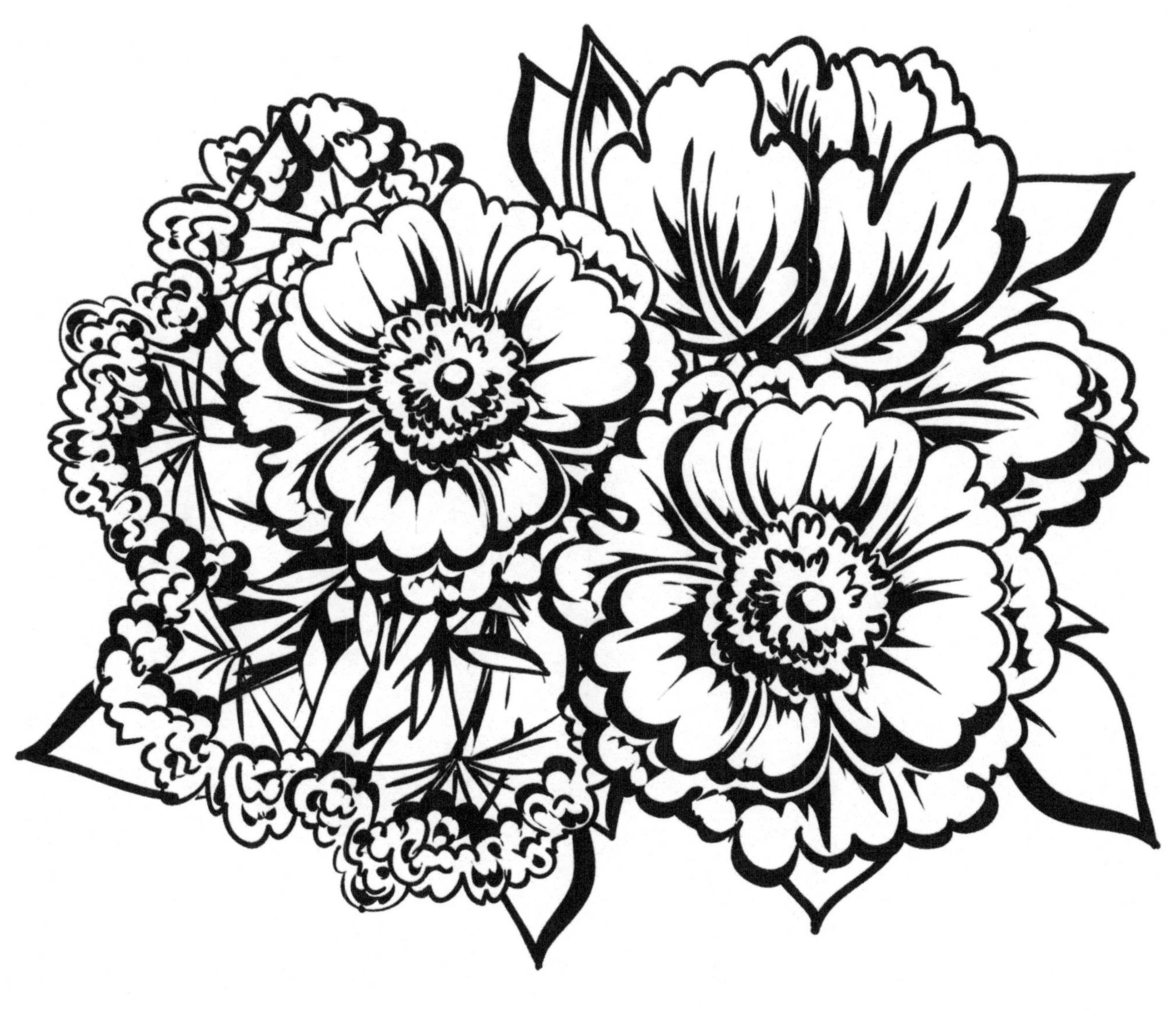

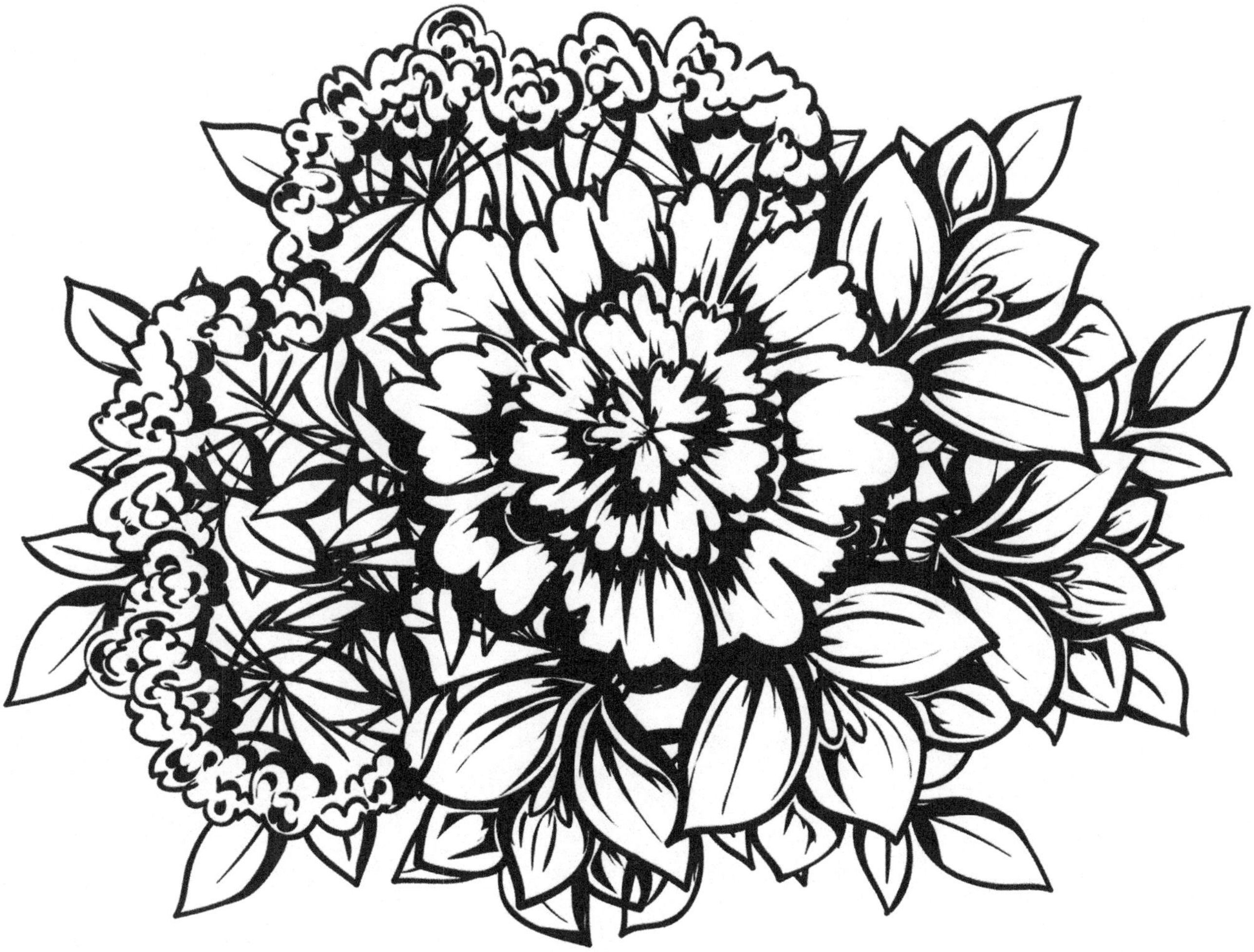

Made in the USA
Monee, IL
07 July 2026

56545390R00037